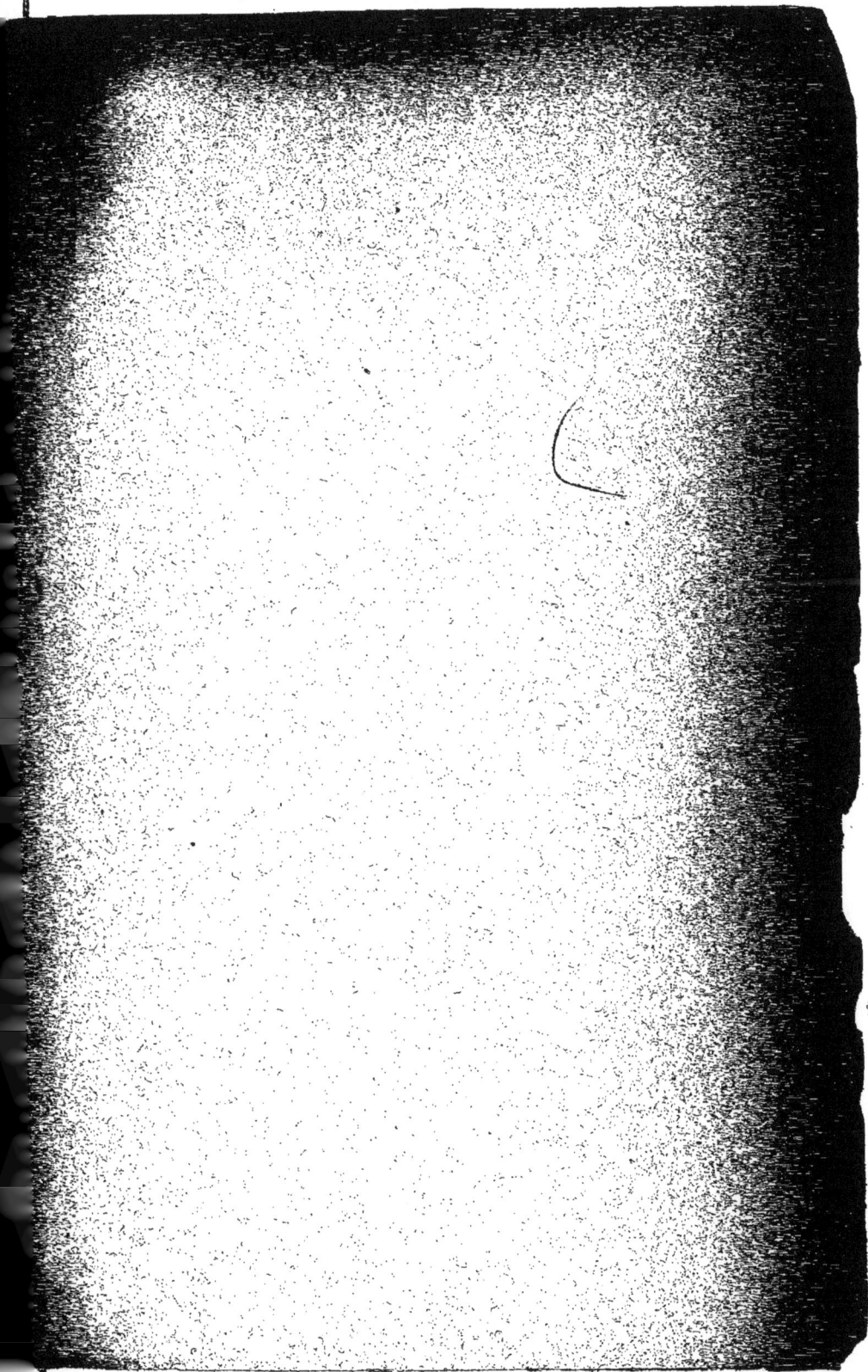

CATALOGUE

DE

L'EXPOSITION D'OBJETS D'ART

OUVERTE A CHAMBÉRY

LE 10 AOUT 1863

A L'OCCASION DE LA

Réunion du Congrès scientifique de France

CHAMBÉRY

IMPRIMERIE DE PUTHOD FILS, RUE DU VERNEY

—

1863

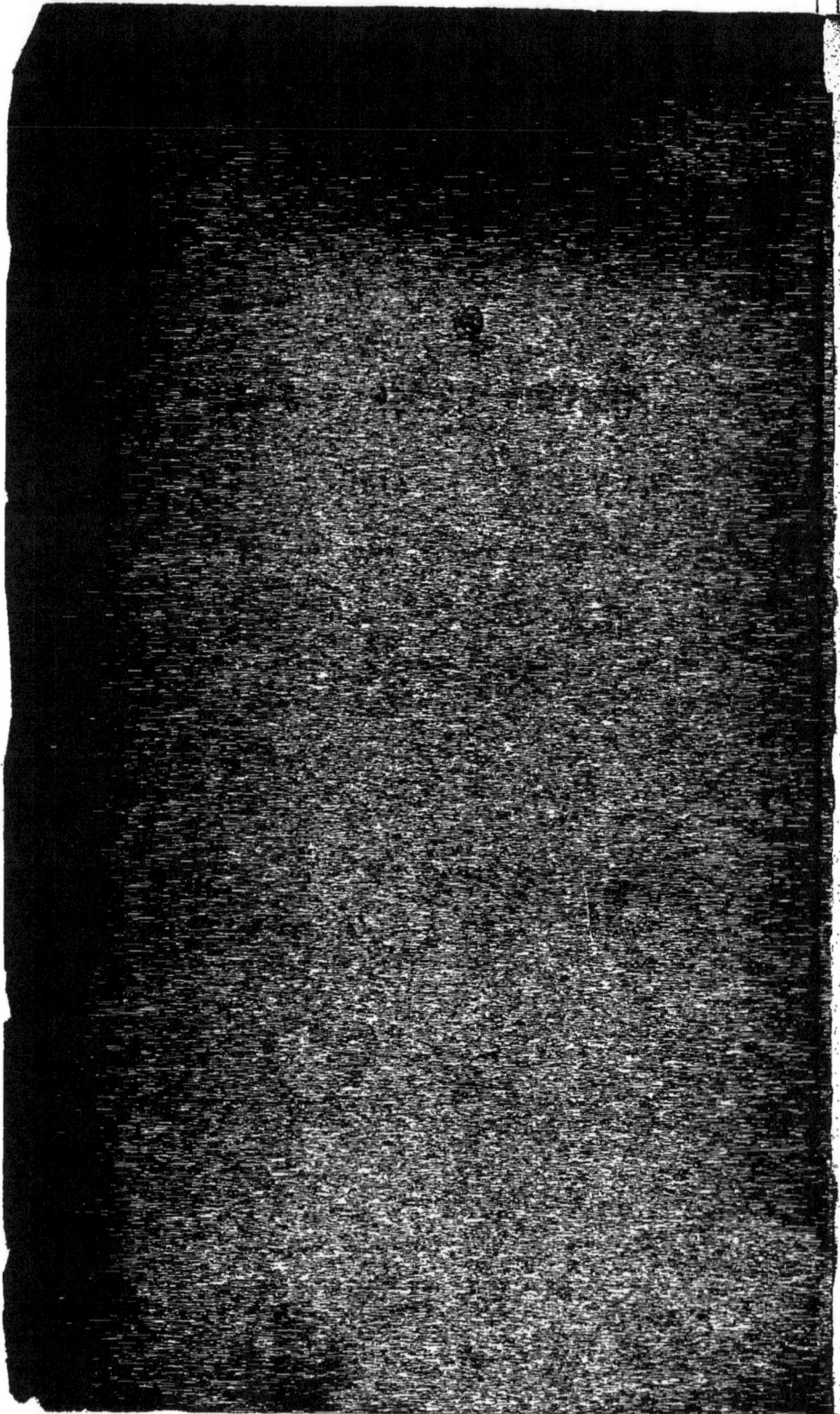

CATALOGUE

DE

L'EXPOSITION D'OBJETS D'ART

OUVERTE A CHAMBÉRY

LE 10 AOUT 1863

A L'OCCASION DE LA

Réunion du Congrès scientifique de France

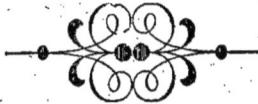

CHAMBÉRY

IMPRIMERIE DE PUTHOD FILS, RUE DU VERNEY

—

1863

COMITÉ DE L'EXPOSITION

M. le marquis COSTA DE BEAUREGARD, *président*.

M. le marquis César D'ONCIEU.

M. MOLIN, professeur de peinture.

M. Auguste MOLIN.

M. le marquis Albert COSTA DE BEAUREGARD.

M. le comte Josselin COSTA DE BEAUREGARD.

M. Hector LARACINE.

CATALOGUE

TABLEAUX, PASTELS ET DESSINS

ESCALIER

1. Judith présentant au peuple de Béthulie la tête d'Holopherne, grande toile de Mattia Preti dit le Calabrese. (Appartenant à la ville de Chambéry.) — Donné par M. le baron Hector Gariod et provenant de la galerie du marquis Rinnuncini, de Florence.
2. Didon se poignardant sur le bûcher. (Id., id., id.)
3. Le Christ en croix, la sainte Vierge, sainte Marie-Madeleine, S. Jean l'Evangéliste et S. Antoine, abbé, peinture sur bois attribuée au même. (Id.)

VESTIBULE

1. Zouaves débarqués au Bisagno, vue de la rivière de Gênes, par Janron, sur toile. (Don de l'Empereur à la ville de Chambéry.)
2. Vue de Naples, école génoise, sur toile. (Mis Costa.)
3. Repos en Egypte, sur cuivre. (M. Fivel.)

4. Fleurs, par Van Clarke, sur toile. (M. Pagès, directeur de l'Enregistrement.)
5. Fleurs attribuées à Baptiste. (Id., id.)
6. Kermesse sur toile, école de Téniers. (Chevalier Pacthod.)
7. Id., id.
8. Dessin original de J.-F. Milliet. (M. Gojon.)
9.   Id.,   id.   (Id.)
10. Aquarelle par Midy, la Vierge des champs. (M. Gauthier-Villars.)
11. Dessin à la plume, chef d'œuvre de calligraphie adressé par Lavin du fort de Miolans au trésorier général Morozzo, dans le but d'obtenir sa grâce. (Chevalier Pacthod.)
12. Dessin à la plume, par Albert Durer.   (Id.)
13. Dessin à la plume, par Lavin, portrait du cardinal de Richelieu, fait à la Bastille. (M. Sevez.)
14. Sepia, scène de Verther. (M. Tony Johannot.)
15. Le petit paresseux, par Mlle Fanny de Virieu. (Comtesse Fernand Costa.)
16. La Crèche. (Id., id., id.)
17. Portrait du Titien, dessiné à la plume par Lavin, avec l'inscription :
      « Dessiné avec des petites pailles coupées à façon « de plumes par l'infortuné R.-V. L., enterré vif « au fort de Miolans l'an 1768, *invitis custodibus*, « ouvrage de vingt-quatre jours. » (M. l'avocat Louis Pillet.)
18. Vue de Buénos-Ayres, aquarelle par M. Charles Pellegrini. (M. Pellegrini.)
19. Id., id.
20. Lavis à l'encre de Chine, par la marquise de Murinais.

21. Lavis à l'encre de Chine, par la marquise de Murinais. (M. Clara.)
22. Joueurs de cartes, dessin au crayon, par Janron.
23. Figures au bord de la mer, sur toile, par le même.

SALLE A

(GALERIE)

1. Mariage mystique de sainte Catherine, sur toile, d'après le tableau du Corrége existant au Louvre. (M. Besson.)
2. Portrait inconnu, par Rigaud, sur toile. (Mis Costa.)
3. Le duc d'Avalos et sa maîtresse, sur toile, d'après le tableau du Titien existant au Louvre. (M. Besson.)
4. Vue du château de Chillon, par Diday. (Baron Girod de Montfalcon.)
5. Tableau allégorique sur toile. (M. Hector Laracine.)
6. Portrait de femme inconnue, pastel par Liotard. (Mis Costa.)
7. Tête de fantaisie, sur toile, par Mlle Bouillard, élève de Proudhon. (Mis Costa.)
8. Paysage, par Xavier de Maistre, sur toile. (Ville de Chambéry.)
9. Portrait de Mme de Montespan, sous les traits de Madeleine repentante, sur toile. (M. Gros, substitut du procureur général.)
10. L'inondation de l'Arve, par Hugard, sur toile. (M. L. Pillet.)
11. Mme de Saint-Sébastien lisant une lettre du roi Victor-Amédée II, sur toile. (Baron Victor du Bourget.)
12. Lac de Genève, par Diday, sur toile. (Mis Costa.)
13. Portrait de M. Brun, par Larivière, sur toile. (Ville de Chambéry.)

14. Une des filles de Louis XV, pastel attribué à Nattier. (Mis Costa.)

15. Groupe d'enfants, dessin aux trois crayons, original de Boucher. (M. Vulliermet, de St-Jean de Maurienne.)

16. Chasse à courre, sépia par Carle Vernet. (Mis Costa.)

17. Vue des bains de Saint-Gervais, lavis à l'encre de Chine, par la M^{ise} de Murinais. (Comtesse Greyfié.)

18. Compositions diverses dessinées à la plume par le marquis Henri Costa de Beauregard. (Mis Costa.)

19. Les vices foudroyés, dessin à la plume par Annibal Carrache. (M. Vulliermet.)

20. Eventail dessiné à la plume par Lavin, prisonnier à Miolans. (M. L. Pillet.)

21. Dessin représentant une bande d'amours autour du buste de Priape. (M. Pagès.)

22. Dessins à la plume, pendant du n° 18. (Mis Costa.)

23. Vue du château de Marlieux en Dauphiné, pendant du n° 17. (Comtesse Greyfié.)

24. Vue du lac du Bourget prise de Châtillon, fusin fixé, par Hugard. (M. L. Pillet.)

25. Rencontre de cavaliers, sépia par Suebach. (M. Gojon.)

26. Cabinet en bois d'ébène avec ornements en cuivre doré, style Louis XIII. (Mis Costa.)

27. Autre cabinet en bois d'ébène avec ornements en ivoire. (M. A. Molin.)

28. Meuble en marqueterie sur colonnes torses. (Mis Costa.)

29. Grand meuble façon laque, avec incrustations de nacre. (M. A. Molin.)

30. Grand cabinet écaille et cuivre doré. (Baron Angleys.)

31. Chaise à porteurs, en bois peint et doré. (Mis de Pomereu.)

32. Id. en cuir peint et doré aux armes de La Serraz et de Montfalcon, style Louis XV. (Mis de La Serraz.)
33. Coffret en marqueterie, accompagné de deux cariatides dorées. (M. Tardy.)

SALLE B

1. Petit portrait de femme inconnue, attribué à Mirevelt, sur bois. (M. Molin, professeur.)
2. Paysage, école de J. Both, sur bois. (M. Fivel, architecte.)
3. Tête de fantaisie, école de Rembrandt, sur bois. (M. Fivel.)
4. La mort d'Euryale, sur cuivre, école flamande. (M. Carrier.)
5. Fumeur, sur bois, école flamande. (M. Carrier.)
6. Repos en Egypte, école de Gaspard Dughet, sur toile. (M. Besson.)
7. Le Christ mis au tombeau, peinture sur bois. (Baron Angleys.)
8. Scène de cabaret, Molnaër, sur bois. (Cte de Boigne.)
9. Paysage et animaux, sur toile, école flamande. (M. Carrier.)
10. Orphée charmant les animaux, sur bois, école de Breughel. (M. Duclos.)
11. Les malheurs de la guerre, sur bois (inconnu). (Ville de Chambéry.)
14. Danse et scènes de cabaret, par Daniel Van Boon, sur bois. (M. Carrier.)
15. Vierge à la colombe, peinture italienne sur cuivre. (Mme Le Blanc.)
16. Mort de Cléopâtre, sur cuivre (inconnu). (M. Fivel.)

17. Le joueur de violon, par Corneille Dusart, élève d'A. Ostade. (M. Carrier.)
18. La Vierge et l'Enfant, saint Antoine de Padoue et saint François d'Assise, sur cuivre. (M. Bailly.)
19. Tête de jeune homme, sur toile, J. Robusti (Tintoret). (M. le capitaine de Brécourt.)
20. Tabagie flamande, sur bois, école de Téniers. (Ville de Chambéry.
21.
22. Naissance de Jésus-Christ, sur cuivre, école hollandaise. (M. Bailly.)
23. Fruits, sur cuivre. (M. Fivel.)
24. L'alchimiste, sur bois, par Seeinge. (M. Carrier.)
25. Tabagie flamande, par Le Prenc, sur toile. (M. Carrier.)
26. L'hermite, sur toile, école de Rembrandt. (Comte de Boigne.)
27. Descente d'Orphée aux Enfers, sur cuivre (inconnu). (M. Fivel.)
28. Portrait d'homme, sur toile, attribué à Gérard Terburg. (M. Carrier.)
29. Paysage, sur bois, J. Ruysdaël. (M. Carrier.)
30. Bataille, sur bois, attribuée à Hugtenburgh. (M.Carrier.)
31. Jésus prêchant, tableau sur panneau, d'un fini précieux, maître inconnu. (M. Meissonnier, ingénieur en chef des mines.)
32. Vierge et l'enfant, sur bois, Rubens. (M. Carrier.)
33. La Consultation, sur bois, G. Metzu. (M. Carrier.)
34. Le Visir et son prisonnier, sur bois, par Ferdinand Bol. (M. Carrier.)
35. La Vierge à la cerise, sur bois, par Adrien Vander Werf. (M. Meissonnier.)
36. Paysage, sur bois (inconnu). (M. Carrier.)

37. Faunes et Nymphes, sur bois, par Mieris. (M. Molin, professeur.)

38. Vue de Venise, sur toile, attribuée à Canaletto. (M. Cuillery-Dupont.)

39. Vierge et l'enfant Jésus, sur toile. (M. le conseiller Dénarié.)

40.

41. Paysage, sur toile, par Gaspard Dughet. (M. Salomon, juge d'instruction.)

42. Le Christ en croix, sur cuivre, école de Van Dyck. (Chevalier Le Blanc.)

43. Le Christ au tombeau, sur toile, attribué à Frédéric Barocci. (Baron Angleys.)

44. Les vierges sages et les vierges folles, sur bois, Franck Floris. (M. Curtelin.)

45.

46. Jésus-Christ sous les traits d'un jardinier, sur toile, attribué à François Albani. (Ville de Chambéry.) Provenant du Musée Campana ; don du ministère d'Etat.

47. Combat naval, sur toile, Van der Néer. (M. Fivel.)

48. Grappe de raisins, sur marbre, Vandael. (Cte Marin.)

49. Scène de cabaret, sur bois, école de Téniers. (Mis Costa.)

50. Portrait de Marguerite de Valois, sœur d'Henri II, femme d'Emmanuel-Philibert, duc de Savoie, peint sur bois par Carachyo et d'après un portrait. (Ville de Chambéry.)

51. Bataille, sur toile, attribuée à Jacques Courtois dit le Bourguignon. (M. Cuillery-Dupont.)

52. Le départ de l'hôtellerie, sur bois, école de Philippe Wouvermans. (M. Fournier, sous-préfet de Thonon.)

53. Descente de croix, sur bois, attribuée à Van Dyck.
    (M. Fivel.)
54. Le départ pour la chasse, sur bois, attribué à Philippe
    Wouvermans. (M. Fournier, sous-préfet de Thonon.)
55. Bataille, sur toile, attribuée au Bourguignon, pendant
    du n° 51. (M. Cuillery-Dupont.)
56. Scène flamande, sur bois, Cornelius Bega. (M. Carrier.)
57. Marine sur bois, par Guillaume Van der Velde, petit
    tableau d'un fini précieux et d'une parfaite con-
    servation. (M. le chev. de Viry, conseiller à la Cour
    d'appel.)
58. Paysage avec animaux, sur bois, attribué à Moucheron.
    (M. Carrier.)
59. Fruits, sur bois, école hollandaise. (Ville de Chambéry.)
60. Scène de cabaret, sur bois, id. (M. Carrier.)
61. Tête de vieille femme, sur toile, étude par Piazzetta.
    (M. le capitaine de Brécourt.)
62. Paysage, sur toile avec des constructions rustiques et
    figures par... (Cte de Boigne.)
63. La leçon du dieu Pan, sur toile, par Jacques Jordaëns.
    (Mis Costa.)
64. Vue de la place de St-Marc à Venise, sur toile, par
    Guardi. (Mis Costa.)
65. Station de voyageurs à la porte d'une hôtellerie, sur
    toile, par Jean Meel. (Baron Angleys.)
66. Paysage avec architecture, sur toile, école du Poussin.
    (M. le président Fabre.)
67. Halte de chasseurs, sur toile, par Jean Meel, pendant
    du n° 65. (Baron Angleys.)
68. Vue de Venise, sur toile, par Guardi, pendant du
    n° 64. (Mis Costa.)
69. Portrait de Raphaël Mengs, peint sur toile par lui-
    même. (Mis Costa.)

70. Évanouissement de la Vierge, sur bois, attribué à Carlo Maratta. (Baron Angleys.)

71. Marine, sur toile. (Baron Angleys.)

72. S. Jérôme, toile par Ribera dit le Spagnoletto. (Baron Angleys).

73.

74. Les vierges sages et les vierges folles, sur bois, attribué à Octave Van Veen dit Ottovenius. (Cte de Boigne.)

75. Portrait du comte de Sacri, sur bois, par Franck Haal, élève d'A. Van Dyck, provenant de la galerie du prince de la Paix. (M. Botton.)

76. Marchande de légumes, sur toile, par C. Van Breen ou Van Brecht, peintre et graveur flamand au XVIe siècle. (M. Carrier.)

77. Portrait de femme, sur bois (inconnu). (M. Carrier.)

78. L'enfant Jésus endormi, sur toile, par A. Vaccaro. (Ville de Chambéry.)

79. Portrait d'homme, sur bois, pendant du n° 77. (M. Carrier.)

80. Marchande de légumes et de fruits, sur toile, par Van Brecht, pendant du n° 76. (M. Carrier.)

81. Portrait d'un marin hollandais, sur bois, par Barthlomé Van der Helst, de Harlem. (Mis Costa.)

82. Vaches s'abreuvant au coucher du soleil sur le bord d'un lac, beau tableau sur bois d'Albert Kuyp. (M. Salomon, juge au tribunal.)

83. Madeleine, sur toile, école de Guido Reni. (Ville de Chambéry.)

84. Fleurs, sur marbre, par Van Spandonck. (Cte Marin.)

85. La fuite en Egypte, sur toile, par Ernest Dietrich. (M. Meissonnier.)

86. Chasseur à cheval rappelant ses chiens, sur toile, école flamande. (Ville de Chambéry.)

87. Paysage, sur bois, par Pynacker. (Cte de Boigne.)
88. Suzanne et les Vieillards, sur toile, par Rubens. (Cte de Boigne.)
89. Paysage, sur cuivre, inconnu. (M. Fivel.)
90. Tête de vieillard, sur bois, par Gerbrant Van der Eckout. (M. Fivel.)
91. Guérison de Tobie, sur bois, école de Rembrandt. (M. Fivel.)
92. Vierge et l'enfant Jésus, sur bois, école hollandaise. (Cte de Boigne.)
93. Portrait de Charles-Emmanuel Ier, duc de Savoie, sur toile, par Carachyo. (Chev. Domenget.)
94. Portrait inconnu, sur toile. (M. Hector Laracine.)
95. Guerrier indien, sur toile. (Cte de Boigne.)
96. L'Aurore et l'Amour endormis, dessus de porte sur toile, style de Boucher. (Cte de Boigne.)
97. Eole recevant de Junon l'ordre de déchaîner les vents, sur toile, école française. (Cte de Boigne.)
98. Jaël rendant grâce à Dieu de sa victoire sur Sizara, sur toile, par Luca Giordano. (Ville de Chambéry.) — Donné par M. le baron Gariod.
99. La surprise, sur toile, école française, pendant du n° 97. (Cte de Boigne.)
100. Extase de S. Antoine, sur toile, par Francesco Boschi. (Ville de Chambéry.) — Donné par M. le baron Gariod.
101. Femme indienne portant une coupe pleine de fruits, pendant du n° 95. (Comte de Boigne.)
102. Le marchand de fruits, sur toile, attribué à Honds Hoort. (Ville de Chambéry.)
103. La résurrection de Lazare, sur toile, attribuée à Frédéric Barocci. (M. Fivel.)

104. La fable et la vérité, sur toile, d'après le tableau du Titien existant dans la galerie Borghese à Rome. (Ville de Chambéry.)

105. L'Assomption de la Vierge, sur toile (inconnue). (Baron Angleys.)

106. Le Christ mort sur les genoux de la Vierge, entouré des trois Marie et de saint Jean, tableau précieux de Stefano Pieri, peintre florentin. (Provenant de la galerie Rinnuncini, et donné par le baron Gariod à la ville de Chambéry.)

107. Saint Dominique, sur toile, attribué à Zurbaran. (Baron Angleys.)

108. La Nativité, sur toile, par Giacomo da Ponte dit le Bassano. (Ville de Chambéry.)

109. Le couronnement de la rosière, sur toile, école française. (Comte de Boigne.)

110. Hercule filant, sur toile, par Solimène. (Ville de Chambéry.)

111.

112. Extase de sainte Thérèse, sur toile, par Manetti Rutilio, peintre siennois. (Donné par le baron Gariod à la ville de Chambéry.)

113. Fleurs, sur toile, par Baptiste. (Ville de Chambéry.)

114. Vieille femme à sa toilette, sur toile, école espagnole. (Baron Angleys.)

115. Sainte Marguerite de Cortone, sur toile, par Rustici dit le Rustichino, peintre siennois. (Donné par le baron Gariod à la ville de Chambéry.)

116. Sainte Marie-Madeleine, toile faussement attribuée à Sodoma. (Donné par le baron Gariod à la ville de Chambéry.)

117. Portrait de Claude Milliet de Challes, sur toile, par Carachyo. (Ville de Chambéry.)

118. L'Olympe, sur toile, attribué à L'Albane. (Ville de
Chambéry.)

119. Chasse à l'ours, sur panneau, par Paul Brill. (M. A.
Molin.)

120. Saint Jean-Baptiste et l'enfant Jésus, sur toile, école
de Rubens. (Ville de Chambéry.)

121. La Vierge, l'enfant Jésus, le petit saint Jean et saint
Joseph, sur bois, par Luca Cambiaso. (Donnés par
le baron Gariod à la ville de Chambéry.)

122. La Vierge et l'enfant Jésus, sur toile, par Salvi dit
Sassoferrato. (Ville de Chambéry.)

123. L'aigle enlevant Ganymède, sur toile, école de Jules
Romain. (M. Cuillery-Dupont.)

124. Le Philosophe, sur toile, école de Rembrandt. (M. A.
Molin.)

125. Musiciens ambulants, sur toile, tableau attribué à
Gerard van der Horst. (Ville de Chambéry.)

SALLE C

Portraits & bustes de Savoyards illustres.

SALLE D

1. Meuble à deux corps et à quatre vantaux, surmonté
d'un fronton coupé, avec figures en relief, xviie
siècle. (M. Tardy.)

2. Meuble à deux corps et à quatre vantaux, avec fronton,
orné de cariatides, avec figures et ornements en
relief, xviie siècle. (Mis d'Oncieu.)

3. Un habut en chêne sculpté. (M. Sevez.)

4. L'Adoration des Mages, tryptique peint sur bois, de
l'école d'Albert Durer. (M. A. Molin.)

5. Descente de Croix, tryptique peint sur bois, aux armes de......

(Ecartelé de gueules à 3 roses de sable (faux) et de.......... au sautoir de gueules, accompagné de 4 aiglettes de sable (faux). — (L'établissement des Orphelines de Chambéry.)

6. Le Martyre de sainte Catherine , panneau peint à deux faces , xvi⁰ siècle. (Ville de Chambéry.)

7. Le Christ en croix, peinture sur bois, école allemande. (Chapitre de Chambéry.)

8. La Nativité de N.-S., peinture sur bois, école allemande , aux armes du grand-chancelier Millet de Faverges. (Chapitre de Chambéry.)

9. Déposition de N.-S. au tombeau, tableau sur bois, fond doré, école allemande. (Mⁱˢ d'Oncieu.)

10. Le mariage de la Vierge et l'Annonciation, grand panneau en deux parties, fond doré. (Musée de la ville.)

11. S. Jérôme , panneau peint sur bois. (Couvent de la Visitation à Chambéry.)

12. Jésus mis au tombeau, petit tableau sur cuivre avec cadre en écaille, par Van Dyck. (M. Raymond, professeur.)

13. Miniature sur ivoire, figure de jeune femme, attribuée à Prudhon. (Mⁱˢ Costa.)

14. L'Adoration des Bergers , bas-relief argent , cadre d'ébène. (M. A. Molin.)

15. Jésus portant sa croix et Jésus dans sa gloire , deux bas-reliefs sur cuivre, avec cadre d'ébène. (M. A. Molin.)

16. La Sainte-Trinité , l'Adoration des Mages et Déposition du corps de N.-S. au tombeau, trois bas-reliefs sur bois, cadres en ébène. (M. A. Molin.)

2

17. Médaillon avec bénitier, cuivre doré et corail; au centre, un groupe en ivoire représentant N.-S. en croix. (Mⁱˢ Costa.)

18. Médaillon en bois doré, style Louis XV, entourant un groupe en ivoire sculpté, le Crucifiement. (M. Andremasse.)

19. Judith, bas-relief en ivoire, avec cadre en ébène. (M. Fivel.)

20. Le Christ en croix, ivoire sculpté. (Mᵐᵉ Dupuis.)

21. Le Christ en croix, ivoire sculpté. (Evêché de Maurienne.)

22. Le Christ en croix, ivoire sculpté. (Mⁱˢᵉ Costa.)

23. Le Christ en croix, ivoire sculpté. (M. Fivel.)

24. S. Antoine de Padoue, statuette allemande, bois et ivoire. (Le Grand-Séminaire.)

25. S. Joseph et la Sainte Vierge, statuettes en cuivre doré. (Mⁱˢ Costa.)

26. Buste de l'empereur Charles-Quint, bronze florentin. (Chev. Laforge.)

27. Cabinet avec incrustation d'ivoire. (Mⁱˢ Costa.)

28.   Id.   id.   (id.)

29.   Id., avec colonnettes de cristal de roche et applications en pierres. (Baron de Morand.)

30. Grand cabinet. (Mⁱˢ de Pomereu.)

31.   Id. en ébène, avec incrustations d'ivoire. (M. Gautier-Villars.)

32. Œdicule en bois d'ébène, avec Christ en ivoire. (M. Louis.)

33. Vierge attribuée à Raphaël (Baron Angleys.)

34. Boulet en marbre, époque du siége de Rome par le Connétable de Bourbon. (Mⁱˢ Albert Costa.)

35. Coffret de Boulle, incrusté d'écaille et de cuivre au dehors et d'étain à l'intérieur. (Mⁱˢ Costa.)

36. S. Jean-Baptiste enfant en marbre blanc. (M. A. Molin.)
37. Bréviaire de S. François de Sales. (Abbé Mermilliod.)
38. *Ecce homo*, statuette en albâtre.
39. Deux médaillers en marqueterie de bois de rose, avec garniture en cuivre doré. (Mis Costa.)
40. Groupes d'armes orientales appartenant à M. le chev. Botton, et pistolets italiens, appartenant à MM. le chev. Laforge et chev. de Viry.
41. Groupe composé d'armes diverses appartenant à MM. le Mis Costa, chev. Laforge et M. de Serezin.
42. Couteaux avec manches en bois sculpté. (Chev. Botton.)
43. Couteaux de table Louis XV, argent doré et acier. (Mis Albert Costa.)
44. Horloge en cuivre. (Chanoine de Saint-Sulpice.)
45. Montre en cuivre doré Louis XV. (M. Gojon.)
46. Deux montres anciennes, l'une en cuivre doré, l'autre en argent. (M. Bourbon-Vissol.)
47. Deux montres, une en argent ciselé et l'autre en cuivre ciselé et doré. (M. Forest.)
48. Montre en cuivre doré. (Mis Albert Costa.)
49. Montre en argent ciselé, avec boîte en cuivre. (M. Dénarié.)
50. Grande plaque terre cuite représentant N.-D. des Carmes, rapportée de Puebla. (M. Collet-Meyret, ingénieur ordinaire du département.)
51. La Sainte-Face, mosaïque, avec armoiries, f. 1662. (Musée de la ville.)
52. Pendule en cuivre doré, genre Louis XVI. (Cte Ernest de Boigne.)

SALLE E

1. Armoire à 2 corps et à 4 ventaux, en bois sculpté avec cariatides et bas-reliefs religieux, incrustations de pâte, xvie siècle. (Mis Costa.)
2. Deux bahuts bois sculpté avec bas-reliefs, sujets religieux. (Mis Costa.)
3. Autre bahut, xve siècle, blason et armoiries. (Mis d'Oncieu.)
4. L'Adoration des Mages, fragment d'un tryptique peint sur bois, attribué à Jean de Bruges. (Ville de Chambéry.)
5. Déposition de croix, tableau sur bois fond doré. (Couvent de la Visitation.)
6. Le Jugement dernier, bas-relief bois du xve siècle. (M. Fivel.)
7. Sainte Vierge, S. Antoine de Padoue, bois fond doré et gaufré. (M. Fivel.)
8. Vierge, style byzantin. (M. Vuillermet.)
9. Sainte Vierge, tableau sur bois. (Baron de Morand.)
10. Sainte Vierge, tableau sur bois. (Cte d'Aviernoz.)
11. Les douze Apôtres, 2 panneaux, émaux de Limoges. (Mis Costa.)
12. Croix argent, garnie d'émaux translucides. (Chev. Laforge.)
13. La Crucifixion, tryptique, émail de Pénicaud le Vieux. (Chev. Laforge.)
14. Le Calvaire, émail italien, avec cadre original en argent repoussé. (Chev. de Pignier.)
15. Le Calvaire, émail translucide sur or, trouvé à Vigevano dans le château des ducs de Milan. (Mis Costa.)

16. Heures gothiques, émail sur or du xviie siècle. (Mise Albert Costa.)

17. Six assiettes, émaux de Limoges. (M. Guillermin.)

18. Le Couronnement de S. Joseph, plaque en émail peint de Limoges. (Mis Costa.)

19. S. François de Sales, plaque en émail de Limoges. (M. Faga.)

20. Néron, Vespasien, Otton et Vitellius, 4 médaillons émail de Limoges (M. A. Molin.)

20 *bis*. Tasse en émail de Limoges, décorée des médaillons de Sémiramis et d'Arrie, portant sous son pied la signature et l'adresse de l'émailleur, Laudin. (M. Déage.)

21. Châsse byzantine à émaux cloisonnés. (Chev. Laforge.)

22. Châsse émaillée, sur pied, xiiie siècle. (Chev. Laforge.)

23. Une custode, émail byzantin. (Chev. Laforge.)

24. La Sainte-Face, miniature sur malachite. (M. Gros, grand-vicaire.)

25. S. François de Sales, miniature sur cuivre, portrait authentique enchâssé dans un médaillon d'argent. (M. Kühn.)

26. Croix avec émaux, grisaille de Limoges en cristal de roche et vermeil, xve siècle. (Mis Costa.)

26 *bis*. Croix en cristal de roche, montée en bronze doré, style renaissance. (Curé de Thonon.)

27. Grand widercome allemand ayant appartenu à la Maison de Kibourg dont il porte les armoiries et blasons d'alliances, xve siècle, argent et cuivre doré. (Mis Costa.)

28. Une croix en pierre du tombeau du Christ, montée en argent niellé avec inscriptions. (Chev. Laforge.)

29. Une croix argent avec pierreries et inscription latine en caractères du xiiie siècle. (Chev. Laforge.)

30. Une croix garnie de pierreries, S. Jean et la Vierge, xvᵉ siècle. (Chev. Laforge.)
31. L'entrée de Notre-Seigneur à Jérusalem, plaque en argent niellé. (Mⁱˢ Costa.)
32. Amédée IX, monnaie d'or, pièce unique, — anneau en or aux armes de Jean de Grailly, — tau en or de l'ordre de S. Antoine, avec son coulant en or émaillé, objets trouvés à Grésy dans la tour. (Mⁱˢ Costa.)
33. Denier d'Aiguebelle, pièce unique, trouvée à Montagnole. (M. Bourbon-Vissol.)
34. Carnet de bal en forme de viole, porcelaine de Saxe et monture en or. (Mⁱˢᵉ Albert Costa.)
35. Montre en or avec plaque en émail, Louis XVI. (Mᵐᵉ Collin.)
36. Un canon de pistolet en fer ciselé. (Chev. Laforge.)
37. La Flagellation, plaque en cristal de roche, *intaglio* de Valerio. (Mⁱˢ Costa.)
38. Dyptique figuré du xiiiᵉ siècle, avec caractères grecs, ivoire. (S. Em. le cardinal-archevêque de Chambéry.)
39. Vierge du château de Charbonnières, ivoire, armoiries de Savoie et d'Aoste. (M. Fivel.)
40. Anges peints et dorés, xiiiᵉ siècle. (Musée de Chambéry.)
41. Joseph d'Arimathie, ivoire du xiiiᵉ siècle peint et doré. (Mⁱˢ Costa.)
42. Coffret à tombeau, ivoire sculpté. (Chev. Laforge.)
43. Le Paradis terrestre, coffret en ivoire. (M. A. Molin.)
44. Deux dyptiques gothiques, ivoire. (Chev. Laforge.)
45. Deux Paix gothiques, ivoire. (Chev. Laforge.)
46. Deux palettes à manuscrit, ivoires gothiques. (Chev. Laforge.)

47. Deux petites filles, statuettes d'ivoire de François Flamand. (Chev. Laforge.)

48. Un étui avec cachet, ivoire sculpté garni en or. (Chev. Laforge.)

49. Une poire à amorces de l'Inde, ivoire sculpté. (Chev. Laforge.)

50. Un peigne en ivoire sculpté. (Chev. de la Forge.)

51. Un petit mortier en ivoire sculpté et doré. (M. Molin, professeur.)

52. Palette à manuscrit, ivoire. (M. Chardon.)

53. Moitié de dyptique, ivoire. (Ville de Chambéry.)

54. Râpe à tabac, xviiie siècle. (M. Fiyel.)

55. Râpe à tabac,   id.   (M. A. Molin.)

56. Râpe à muscade,   id.   (Chardon.)

57. Moitié de dyptique, ivoire. (Chev. Laforge.)

58. Christ en croix mort, mutilé. (Clert-Byron.)

59. Une Diane en bois sculpté, italienne. (Chev. Laforge.)

60. La Sainte Vierge et l'enfant Jésus, petit bas-relief en croix. (Chev. Laforge.)

61. Plaque en ivoire, la Madeleine aux pieds de Notre-Seigneur. (Mis Costa.)

62. Médaille de Philippe-Marie Visconti, duc de Milan ; Pisani. (Mis Costa.)

63. Bagues, broche, croix ornée de perles, nécessaire, petit flacon, reliquaire, bijoux anciens. (Mise Albert Costa.)

64. Petit nécessaire en argent. (Mise Costa.)

65. Coffret à tombeau, Burgos. (Mis Costa.)

66. Coffret italien, écaille avec bossages en argent. (Mis Costa.)

67. Epées de combat de M. de Créquy et de Dom Philippin de Savoie. (Mis de Quinsonnas.)

68. Trois statuettes, marbre blanc, provenant des anciens tombeaux d'Hautecombe. (2 à M. Guillermin et 1 à M. Fivel.)
69. Plat en étain de Briot. (Mᵗˢ Costa.)

SALLE F

1. Deux miroirs en cuivre. — Fragment de fer à cheval. — Deux sabots de char. — Fer de lance. — Ciseau. — Vase en cuivre. — Deux bracelets de bronze. — Tous ces objets ont été trouvés dans les gorges du Fier, entre Rumilly et Seyssel. (M. Ginet, ancien député de Rumilly.)
2. Trois bracelets en bronze trouvés à Saint-Sorlin d'Arve. — Deux autres trouvés au col de la Madeleine. — Autres avec un cercle de tête trouvés à Lanslevillard. — Deux autres encore, l'un en bronze, l'autre en jayet, trouvés dans le cimetière de Mont-Denis. (Musée de Chambéry.)
3. Objets trouvés dans un tombeau près de la Roche en Faucigny. — Fragment de plaque de ceinturon et grains de collier en terre émaillée. (Musée de Chambéry.)
4. Haches celtiques trouvées dans diverses localités de la Savoie. (Musée de Chambéry.)
5. Hache celtique et bracelet en bronze trouvés dans les carrières de la Balme près d'Yenne. (M. Goybet.)
6. Boucles d'oreilles en argent. — Restes de lame de poignard. — Fragments de fourreau. — Bracelets et autres objets trouvés au col de la Madeleine près de Lanslevillard en Maurienne. (Musée de Chambéry.)
7. Un ciseau lacustre, manche en corne de cerf. — Un couteau et une hachette en silex. (Mᵗˢ Costa.)

8. Hache en serpentine, en forme de doloire, à l'usage des peuplades sauvages. (Musée de Chambéry.)

9. Hache et poinçon en serpentine de Maurienne. — Deux hachettes à douille en bronze. — Autre hachette en bronze. — Agrafe de ceinturon. — Poignard. — Stile. — Cinq fibules. — Cercle de tête et bracelets. — Boucles d'oreilles. — Chaînettes et crotales ayant appartenu à une ceinture, le tout en bronze. — Collier en résine. — Grande lame de sabre en bronze. — Tous ces objets ont été trouvés en Maurienne, les cinq premiers dans les terrains occupés par le chemin de fer, les autres dans des tombeaux non loin de Saint-Jean de Maurienne. (Collection Vulliermet.)

10. Caducée antique en bronze, trouvé à Lémenc, au-dessus de Chambéry. (Musée de la ville.)

11. Doigts d'une statue colossale en bronze, trouvés à Lémenc, au-dessus de Chambéry. (Musée de la ville.)

12. Fragment d'aile d'un caducée antique en bronze, trouvé à Gilly. (Mis Costa.)

13. Petit vase en bronze en forme d'outre, trouvé à Gilly. (Mis Costa.)

14. Statuette antique en bronze, représentant un faune, trouvée en Savoie. (M. Duclos.)

14 bis. Frise antique en bronze. (M. Kühn.)

15. Lampe antique en bronze, trouvée à Gilly. (Mis Costa.)

16. Agrafe de manteau, en agate. (Mis Costa.)

17. Pied d'auroc en pierre, trouvé à Tamier, que l'on suppose avoir fait partie d'un monument élevé à la déesse Mithra. (Mis Costa.)

18. Statuettes, fragments de statuettes, fibules et autres petits objets en bronze, trouvés en Savoie.

19. Urne cinéraire en verre et coupe en verre avec sujets en relief, trouvés à Montagnole. (M. Bourbon-Vissol.)

20. Fioles lacrymatoires et autres petits vases en verre, trouvés à Aix, à Gilly, au Bourget, etc.
    Lampes funéraires diverses, quelques-unes portant le monogramme du Christ et les attributs chrétiens, trouvées dans diverses localités en Savoie. (Musée de Chambéry.)

21. Petite ampoule romaine en verre, contenant de l'eau, trouvée à la Trinité. (M. Camille Foray.)

22. Poteries romaines de toutes sortes, trouvées à Aix, à Lémenc et dans d'autres localités de la Savoie. (Musée de Chambéry.)

23. Vase en terre noire du Latium. (Mis Costa.)

24. Fragments d'un cercueil de plomb, dans lequel se trouvait un squelette, statuette de Vénus en bronze et anneaux en or, trouvés tout près du squelette, avec une fiole lacrymatoire et une poterie en forme de biberon, qui n'ont pu être conservées. — Petit coq en terre, fragments d'une statuette en terre cuite, représentant la maternité gauloise, trouvés à côté du cercueil. — Poteries de formes diverses, urnes cinéraires où étaient des restes d'ossements calcinés, vases en verre, monnaies consulaires en argent, monnaie en argent de l'empereur Marc-Aurèle, et monnaies en bronze très frustes. — Tous ces objets ont été trouvés en 1862, à Détrier, près de la Rochette, en Savoie. (Musée de Chambéry.)

25. Le Couronnement de la Vierge et l'Annonciation, bas-reliefs en albâtre, provenant du maître-autel de l'église abbatiale de Tamier. (M^{ise} d'Oncieu de Chaffardon.)

26. Le Massacre des Innocents, groupe en marbre. (Musée de Chambéry.)

27. Le Baptême de N. S., groupe en pierre. (Musée de Chambéry.)

28. Couronnement d'une stalle de l'église de Saint-Jean de Maurienne, bois sculpté, xve siècle. (M. Revel, architecte.)

29. Coffret italien, en fer découpé à jour, du xvie siècle. (M. Clert-Biron, à Saint-Pierre d'Albigny.)

30. Coffret italien, en fer découpé à jour, du xvie siècle. (M. Vulliermet, à Saint-Jean de Maurienne.)

31. Tirelire gothique de la corporation des menuisiers de Chambéry, xve siècle.

32. Serrures et clefs gothiques, et pentures en fer aux armes de France et de Savoie, xve siècle. (Mis Costa.)

33. Pommeau d'épée, en fer ciselé. (M. Vulliermet.)

34. Garde et pommeau d'épée, en fer ciselé à jour. (M. Bourbon-Vissol.)

35. Clefs diverses, en fer ciselé à jour. (Chevalier Laforge.)

36. Collier en fer, garni de pointes à l'intérieur, trouvé dans les ruines du château de Chignin. (Musée de Chambéry.)

37. L'entrée d'un pape à l'abbaye de Tamier, grand bas-relief en bois. (Mis Costa.)

38. Saint Léger et sainte Barbe, panneaux de bois sculpté de la chaire de l'église de Saint-Léger à Chambéry. (Mse d'Oncieu de Chaffardon.)

39. Siége gothique à dais, de l'ancienne abbaye d'Haute-combe. (M. le curé de Jacob.)

40. Crédence de chapelle du xve siècle. (Mis d'Oncieu.)

40 bis. Bahut en bois sculpté, renaissance. (Mis Albert Costa.)

41. La Cène, tableau sur bois, fond doré, Margaritone
    d'Arezzo. (Musée de Chambéry.)
42. La Vierge à l'œillet, sainte Catherine et sainte Ursule,
    triptique de l'école allemande. Sur la face extérieure
    des volets, l'Annonciation en grisaille. (M. Fivel.)
43. La Circoncision, tableau sur bois, école de Lucas de
    Leyde. (Musée de Chambéry.)
44. Vase chrétien, de l'époque romane, pierre sculptée.
    (Mis Costa.)
45. Baptême de N. S., groupe en marbre blanc. — Couron-
    nement du baptistère de l'église de Lémenc, donné
    par le duc Amédée VIII. (Mis Costa.)
46. Descente de croix, groupe en pierre. (Musée de la
    ville.)
47. La Vierge et l'enfant Jésus, statue en pierre peinte de
    l'église du Bourget.
48. La Vierge et l'enfant Jésus, statue en pierre peinte et
    dorée aux armes d'Oddon de Luyrieux, prieur du
    Bourget. (Eglise du Bourget.)
49. La Vierge et l'enfant Jésus, statue en bois autrefois
    peinte et dorée. (Mis d'Oncieu.)
50. Reliquaire provenant de l'église Sainte-Claire en ville,
    à Chambéry. (Musée de la ville.)
51. La Nuit de Noël, Anges aux pieds de N.-S.; bas-relief
    en bois, xve siècle. (Chapitre métropolitain.)
52. La Visitation, bois sculpté des stalles de l'église cathé-
    drale de St-Jean de Maurienne. (M. Vulliermet.)
    Bois sculpté de même provenance. (Chapitre de
    Saint-Jean de Maurienne.)
53. Vierge en bois peint et doré. (Comte de Villeneuve.)
54. Saint Etienne, premier martyr, statue en bois. (M. Bal,
    doreur.)

55. Saint Bernard de Menthon, statue en bois. (M. Bronzé.)

56. *Ecce homo*, statue en bois. (M. Bal, doreur.)

57. Pendules, deux flambeaux à girandoles et deux flambeaux plus petits. — Porcelaine. — Vieux Saxe. — Louis XV. (Mme d'Oncieu. (Id.)

58. Vase avec deux figurines. — Groupe en porcelaine de Saxe. — Monture en cuivre doré. (Mis Costa.)

59. Vases en porcelaine de Saxe, avec monture en cuivre doré. — Deux vases en Sèvre rose. — Groupes et statuettes. (M. A. Molin.)

60. Faïence italienne. — Grand plat avec figures allégoriques. (Mis Costa.)

61. Faïence italienne. — Plat avec figures mythologiques. (M. A. Molin.)

62. Faïence italienne. — Petite tasse représentant la *Santa Casa*. (M. Mercier, grand-vicaire.)

63. Faïence italienne. — Tasse d'Urbino. — Six assiettes, cinq tasses, cinq soucoupes, avec armoiries. (Mis Costa.)

64. Faïence italienne. — Deux plaques. — Caïn et Abel. — La chaste Suzanne. (Mis Costa.)

65. Faïence italienne. — Sujets mythologiques. (Mis Costa.)

66. Faïence de Bernard de Palissy. — Plat à godets. (Mis Costa.)

67. Faïence de l'école de Palissy. — Plat de forme ovale. — Suzanne surprise au bain. (Chevalier de Martinel.)

68. Faïence de l'école de Palissy. — Plat de forme ovale. — Figure allégorique. (Chev. de Martinel.)

69. Faïence française. — Ecuelle avec couvercle. — Figure de salamandre. (Mis Costa.)

70. Faïence française moderne. — Grand plat creux de forme ronde, avec tête de Méduse entourée de feuillages et de reptiles en relief. (Mis Costa.)

71. Faïence française moderne. — Avisseau de Tours. — Grand plat de forme ovale, avec poissons en relief. (Mis Costa.)

72. Plat de faïence bleue découpée. (M. A. Molin.)

73. Grand plat de faïence. — Louis XV. (M. Chevalier.)

74. Faïence française agatisée. — Plat rond. (M. Chevalier.)

75. Buire. — Fabrique de Saint-Jean de Maurienne, 1718. (M. Chaperon.)

76. Deux brocs en faïence française. (Mis Albert Costa.)

77. Broc en terre d'Avignon. (Mis Costa.)

78. Grès de Flandre colorié. — Deux canettes avec couvercle en étain. (Mis d'Oncieu.)

79. Tasse et cornet en verre de Venise, à filets blancs. (Mis Costa.)

80. Coupe en terre de Venise.

81. L'Aurore, d'après Guido Reni. — Plateau en porcelaine, manufacture de Sèvres. (M. Timoléon Chapperon.)

SALLE G

Porcelaines chinoises et japonaises, laques, etc.

1. Grand plat japonais à bord fléchi. (M. Chevalier.)

2. Id de Chine, octogone, à figures. (Le même.)

3. Id.   id.   id.   (Le même.)

4. Coupe en porcelaine de Chine, montée en bronze doré. (M. Blanc.)

5. Neuf pièces, inscrites sous le n° 456, savoir : sept tasses avec leurs soucoupes, un sucrier avec son couvercle et un bol, porcelaine du Japon. (M. Gruat.)

6. Plat festonné, avec figures d'oiseaux et fleurs aquatiques, inscrit sous le n° 560, porcelaine vieux Japon. (Rare). (M. le conseiller Dénarié.)

7. Deux id., id. du Japon. (Le même.)

8. Trois paires de potiches de diverses formes et grandeurs, avec leurs couvercles, inscrites sous le n° 569. (M. Tardy.)

9. Deux pagodes en porcelaine et une en stéatite. (Le même.)

10. Deux petites potiches de Chine, forme octogone, montées en or moulu. (Baron Girod de Montfalcon.)

11. Deux id. plus grandes, montées de même. (Le même.)

12. Grand bol à figures, de Chine, très riche. (M¹⁵ d'Oncieu.)

13. Deux grandes potiches en porcelaine, vieux Japon, avec leurs couvercles surmontés de chimères. (Cᵗᵉ Eugène de Boigne.)

14. Cornets, potiches, plats, bols, ampoules, etc., de diverses formes et grandeurs, porcelaines anciennes de Chine et Japon; deux tabourets Chine moderne: en tout trente-deux pièces. (M¹ˢ Costa.)

15. Coffret de forme carrée, fond d'or, fleurs en relief, intérieur et tiroir aventurinés, vieux laque de Chine. (Cᵗᵉ Ernest de Boigne.)

16. Id. forme octogone avec anses, vieux laque noir et doré. (Le même.)

17. Pupitre en laque moderne de Chine, incrusté de lamelles de coquillages dessinant des fleurs et oiseaux. (Dʳ Chevallay.)

18. Boîte à jeu, laque dorée moderne, venue de Java. (Mᵐᵉ Lacroix, née Tissot.)

19. Un trépied en bois de fer découpé, portant trois petites pagodes. (M¹ˢ Costa.)

SALLE H

1. Console italienne, marqueterie en bois de palissandre, ivoire et jaspe (xviiᵉ siècle). (Mⁱˢ Costa.)

2 et 4. Vases en porcelaine céladon bleu chinois, monté en bronze doré, têtes d'éléphants pour ornements. (Comte Ernest de Boigne.)

3. Petit temple formant vitrine en bois incrusté d'ivoire, avec coupole orné de cuivre doré et monté sur figures (id.), travail du xviiiᵉ siècle. — A l'intérieur, un petit vase en cristal de roche, travail chinois. (Mⁱˢ Costa.)

5. Chat en porcelaine de Chine, céladon vert monté en bronze doré. (Mⁱˢ Costa.)

6. Vitrine contenant une collection d'objets chinois, parmi lesquels :

Deux petits bas-reliefs en ivoire, peints, trouvés dans une pagode du palais d'été, et représentant les personnages de l'ambassade française en Chine, sous le règne de Louis XIV, apportant des présents à l'empereur. — Trois sceptres de mandarins, un en émail cloisonné, le 2ᵉ en jade blanc, le 3ᵉ en laque rouge de Pékin. — Une décoration chinoise. — Un vase d'applique, avec inscriptions sur lapis lazzuli. — Un petit vase et une boîte en jade vert, avec support en calcédoine, etc., etc. (Mⁱˢ Costa.)

7. Console en marqueterie, pendant du nº 1, sur laquelle :

Deux vases cylindriques en émail cloisonné chinois, réunis par un dragon en bronze doré, avec socle en bois de fer. (Mⁱˢ Costa). — Un bassin émail cloisonné sur cuivre jaune (id.) — Une garniture de

cheminée, deux vases et deux flambeaux bronze
chinois. (M. Botton.)

8. Commode marqueterie de boule gravée, avec garnitures
en cuivre doré. (Mis Costa.)

9. Deux tritons en bronze doré sur rochers formant
candélabres, pièces remarquables moulées à cire
perdue. (Mis Costa.)

10. Vase céladon bleu de la Chine, monté en bronze doré,
tête de rhinocéros pour ornement. (Comte Ernest
de Boigne.)

11 et 13. Vitrines en bois d'acajou, garnies de cuivre, contenant deux narguillés or et argent, leurs tuyaux de
rechange et accessoires, armes et vêtements in-
diens. (Comte Ernest de Boigne.)

12. Collection d'armes et objets précieux rapportés des
Indes par M. le général comte de Boigne. (Comte
Ernest de Boigne.)

14. Buste de La Fontaine, marbre. (Comte Ern. de Boigne.)

15. Buste du baron Foncet de Montailleur, signataire du
traité du 24 mars 1760, qui fixa la ligne de fron-
tières entre la Savoie et la France. (Baronne de
Silans.)

16. Guéridon chinois, fond laque noire moderne, incrustée
de fleurs et oiseaux en lamelles de coquillages de
couleurs éclatantes. (Mis Costa.)

17. Deux trophées d'armes indiennes. Au centre, trophées
d'armes anciennes, de diverses provenances.

SALLE I

Chartes, documents & autographes.

1. Echange de la vallée de Beaufort contre la seigneurie
de la Val d'Isère, entre Amédée V, comte de Savoie,
et Jacquemet de Beaufort; acte passé le samedi
après l'Ascension (29 mai 1410), et signé dans le
château de Chambéry : *Actum in castro Chamberiaci
in sala domus que quondam fuit domini Amb ardi de
intermontibus ;* en présence de l'Archevêque de
Tarentaise, de Rodolphe de Montmayeur, chevalier,
de Pierre de Salenove, de Guidon de Seyssel, et
autres témoins.
Original avec le grand sceau en cire brune. (M⁰ Costa.)

2. Franchises de la ville de la Rochette, concédées par le
comte Edouard, et confirmées par tous ses suc-
cesseurs, jusqu'à Charles-Emmanuel Iᵉʳ.
Originaux munis de leurs sceaux. (Mᵉ Costa.)

3. Donation faite par Amédée VIII, Iᵉʳ duc de Savoie, à
Jean de Compey, seigneur de Vulpillères, du château
de La Croix, et fief de Saint-Alban, adjugés au sou-
verain après la condamnation et supplice de Jean
Lageret, convaincu d'hérésie, sortilége et tentatives
criminelles par envoûtement contre la vie de son
prince.
Cet acte important, muni du grand sceau ducal, est daté de
Chambéry, le 50 octobre 1417. (Mᵉ Costa.)

4. Acte original des franchises données à la ville de Chambéry par Thomas de Savoie, le 4 mars 1232, portant
encore le grand sceau du comte et ceux de Guillaume

élu de Valence, de la comtesse de Savoie et de l'évê-
que de Grenoble. (Ville de Chambéry.)

5. Traité de paix signé à Lodi, le 9 avril 1454, entre les
Vénitiens et François Sforza, dans le palais du duc
de Milan, et en présence de frère Simonet de Came-
rino, de l'ordre des Hermites, de Sceva de Curte,
d'Ange Simonetta, d'André de Birague et d'autres
témoins.

Original portant les signatures et les sceaux de Paul Barbo,
provéditeur de Venise, du duc de Milan et de son secrétaire
Cicco Simonetta. (M⁺ Costa.)

6. Articles secrets du traité de Lodi, stipulant la restitution
de quelques terres et châteaux conquis sur François
Sforza par le duc de Savoie.

Original portant la même date et les mêmes signatures que
l'acte précédent. — Les sceaux de Venise et de Milan y sont
intacts. (M⁺ Costa.)

7. Charte originale avec sceau, du 24 janvier 1236, par
laquelle Aymon de Savoie, seigneur d'Aganne et
frère du comte Amédée, règle un différend de juri-
diction avec Aymon de Blonay, seigneur de St-Paul.

8. Articles des conventions arrêtées, conclues et scellées
*entre l'illustre comte François Sforza et le magnifi-
que comte Jacques Picinino :*

« In primis el prefato i. s. conte accepta esso
« conte Zachomo per suo genero et figliuolo remec-
« tendogli ogni ingiuria. »

Pièce capitale, écrite entièrement de la main de Sforza et
scellée dans le bourg de Vimercato, de la guivre de Milan, le 17
février 1450.

Souscription : *Francischusforcia vicecomes manu propria
schrissi et subschrissi.*

2 pages in-folio. — Sceau intact. (M⁺ Costa.)

9. *Louis XI, roi de France,* à François Sforza, duc de
Milan.

Billet autographe signé avec la suscription : *A mon frère le Duc de Milan.* — 9 lignes :

« Mon frère, je me recommande à vous, j'ai reçu
« vos lettres et la protestation que m'avez envoyée
« par laquelle vous renonciez à la nomination que
« le Duc de Bourgogne a fait de vous ès trèves der-
« nièrement promises entre moi et lui, etc. »

Cette phrase témoigne de la satisfaction qu'éprouve Louis XI, de voir Sforza, son fidèle et puissant allié, protester contre l'in-tention qu'eut Charles le Téméraire de le comprendre dans les exigences du traité de Péronne. (M' Costa.)

10. *Amédée IX, duc de Savoie* (le Bienheureux), fils de Louis, duc de Savoie, et d'Anne de Chypre, né le 1ᵉʳ février 1435, mort le 30 mars 1472, enseveli dans la cathédrale de Verceil.

Lettre latine signée, demi-page in pl., datée du château du Bourget, le 16 octobre 1465, adressée à François Sforza, duc de Milan, au sujet de l'arres-tation de maître Pantaléon, son médecin.

Pièce précieuse. (M' Costa.)

11. *Cicco Simonetta,* fidèle et habile ministre de François Sforza et de Galéas Marie, son fils, accusé de trahi-son et mis à mort par ordre des tuteurs du jeune duc de Milan.

Lettre autographe signée, adressée à Othon del Caretto, orateur du duc de Milan auprès du Saint-Siége. — Une page in-folio.

Pièce importante, datée de Milan le 11 août 1458. — Conseils à l'ambassadeur sur la réserve et la prudence dont il doit user pour réussir dans la mission délicate qui lui est confiée. — Cette mission paraît se rapporter à la Croisade contre les Turcs, pré-parée par le pape Pie II. (Eneas Silvius Piccolomini.)

12. Autographe de *Michel-Ange Buonaroti,* provenant de la collection de Pietro Custodi. — Il faisait partie

d'une feuille de dessin contenant plusieurs mesures de pierres ordonnées pour la chapelle de l'église de Saint-Laurent de Florence.

Une note de Custodi indique que ce dessin lui fut donné par l'auditeur Buonaroti, de Florence. (M° Costa.)

13. *Charlotte de Lusignan*, héritière du royaume de Chypre, femme de Louis de Savoie, frère d'Amédée IX.

Lettre signée *Regina Charlotta*, datée de Rhodes le 4 mars 1465, adressée à François Sforza, duc de Milan, pour lui notifier la naissance de son premier fils. — 1/4 de page. (Mᵢˢ Costa.).

14. *Robert San Severino d'Aragon*, *comte de Caiaci*, neveu de François Sforza, condottiere célèbre.

Lettre autographe signée, datée de son camp, près du fleuve du Sang, en Calabre *(juxta flumen sanguinis)*. — Il prie le duc de Milan de le charger de la conduite d'une expédition en Chypre demandée par le duc de Savoie pour secourir la reine Charlotte, et démontre la facilité avec laquelle il pourrait recruter en Calabre mille clients, cinq cents arbeletriers et cent *schioppetieri*. — 25 septembre 1464. — 2 pag. 1/2 in-folio. (Mᵢˢ Costa.)

15. *Sigismond Pandolphe Malatesta, seigneur de Rimini.*

Lettre autographe signée, datée du 18 juin 1458, et adressée à François Sforza, duc de Milan, avec suscription d'une écriture différente de celle du corps de la lettre et le sceau des Malatesta figuré par une tête de femme.

Protestations hypocrites de fidélité et de dévouement. — 3/4 de page in-folio. — Signature : *Sigismondo Pandolfo de Malatestis.* (Mᵢˢ Costa.)

16. *Nicolas Machiavelli*, né le 3 mai 1469, mort le 22 juin

1527. Poète médiocre, historien peu exact, politique célèbre.

Lettre autographe signée, adressée à Jean Vernacci, son neveu, marchand de draps à Constantinople. — Macchiavelli parle des persécutions auxquelles il est en butte à Florence, de sa femme Mariette Corsini, du consul de Toscane en Turquie. — Florence, 16 juin 1513. (Mis Costa.)

17. *Pierre Aretin.* — Minute autographe d'une vigoureuse remontrance adressée à François Ier par le poète florentin, pour lui faire comprendre la honte et les dangers de son projet d'alliance avec les Turcs contre Charles V. — Venise, 20 septembre 1537. — 2 pag. 1/2 in-folio.

Pièce importante. (Mr Costa.)

18. *Achmet Soliman,* trésorier de Moler Othman, roi de Tunis, au duc de Milan Galeas Marie Sforza.

Lettre authentiquée par Raphaël Grimaldi, consul génois, 1466. (Mr Costa.)

19. Remise des dismes papales accordée par le St-Siége au diocèse de Milan, en considération de la peste qui l'a affligé.

Notification par *saint Charles Borromée* au prévôt et vicaire général de Merana, 21 octobre 1577. — Une page 1/2. — Signature autographe. (Mis Costa).

20. *Mabillon* (le père). — Billet autographe écrit au bas d'une lettre que lui adressait le président Costa.

Ce dernier avait été député à Paris, en août 1695, par la Chambre des comptes de Savoie, pour soumettre au jugement des plus habiles experts en écriture trois documents que l'on supposait falsifiés par un sieur Perret. — Mabillon juge qu'il y a lieu à s'inscrire en faux contre les trois pièces. (M¹⁵ Costa.)

21. *Antoine Favre.* — Trois lettres autographes signées. Les deux premières, datées d'Annecy, en 1597, et adressées aux syndics de La Roche, en sa qualité de gouverneur de la Savoie, pour annoncer des passages de troupes et prescrire qu'il leur soit fait bon accueil. — La troisième, adressée au baron d'Hermance, gouverneur du duché de Chablais, le 25 novembre 1594. (M¹⁵ Costa.)

22. *Eugène de Savoie-Soissons dit le grand prince Eugène,* fils d'Eugène de Savoie-Soissons et d'Olympe Mancini, né à Paris le 18 octobre 1665, mort à Vienne le 21 avril 1736; adressée à . . . . et datée de Milan le 23 mars 1707. — Lettre autographe signée. 8 pages in-octavo. (M¹⁵ Costa.)

23. Sonnet et signature autographes de *Victor Alfieri.* (M¹⁵ Costa.)

24. *Vaugelas* à l'archevêque de Tarentaise. Lettre autographe signée, datée de Paris, le 11 mai 1648. — Il le loue de l'intérêt qu'il témoigne aux religieux de Talloires et lui annonce que le prince Thomas, qu'il a vu à son passage à Paris, est *résolu d'embrasser la protection de ce célèbre monastère.* 3 pages pleines in-4°. (M¹⁵ Costa.)

25. *Benoît Théophile Chevron de Villette, archevêque de Tarentaise* (le Bienheureux). 2 lettres autographes signées, adressées au baron de Villette, seigneur de Gye, 1636-1638. (M¹⁵ Costa.)

26. *Saint François de Sales.* — Minute d'une lettre latine adressée au cardinal Bellarmin par le saint Evêque de Genève, pour le renseigner sur les constitutions

d'une pieuse congrégation de veuves établie à Lyon
sous le nom d'*Oblates*.

A pages pleines in-folio. (M. Faga.)

27. *Jeanne-Françoise Fremiot, baronne de Chantal*, la
sainte fondatrice de l'ordre de la Visitation.

Félicitations au baron de Coysia à l'occasion de sa
nomination de sénateur au sénat de Savoie.

Lettre autographe signée. — Une page in-folio.
(M. Faga.)

28. *Besson, curé de Chapeyry*, auteur de l'*Histoire des
diocèses de Savoie*.

Notes et fragments généalogiques autographes
relatifs à la famille Millet d'Arvillars. (Mᵢˢ Costa.)

29. *Charles-Auguste de Sales*, neveu du S. Evêque, auteur
du *Pourpris historique*, prévôt de l'église de Genève,
à M. de Sonnaz, prieur de Chindrieux, datée
d'Annecy, le 11 septembre 1633.

Autre, écrite au jésuite Fichet, le 10 décembre
1654, pour lui annoncer la mort de son père le Cᵗᵉ
Louis de Sales, dont il donne les touchants détails.
Autog. signée : *Charles-Auguste E. de Genève*. —
1 page in-folio. (Mᵢˢ Costa.)

30. *Guichenon Samuel*, Bressan, auteur de l'*Histoire gé-
néalogique de la Maison de Savoie* et de l'*Histoire de
Bresse*.

Manuscrit autographe d'un petit traité sur l'ori-
gine des armoiries, qu'il adressa au comte Philippe
d'Aglié, ministre favori de la régente Christine et
son protecteur à la cour de Turin. — 4 pages pleines
in-folio. (Mᵢˢ Costa.)

31. *Gerdil (le cardinal)*. — Lettre autographe signée,
adressée à Rome, au cardinal N. N., pour le prier

d'agréer la dédicace d'une pastorale qu'il prépare.
(Mis Costa.)

32. *Ducis*. — Prière au citoyen X., ambassadeur de la
République française à Hambourg, de recommander
le sieur Duplessis au ministre de l'intérieur.

Lettre autographe signée, sans adresse, datée de
Paris, le 30 frimaire. — Une page pleine, petit in-4°.
(Mis Costa.)

33. *Comte Joseph de Maistre*. — Recueil de lettres adressées au marquis Henri Costa de Beauregard. — De
1786 au 24 octobre 1816. (Mis Costa.)

34. *Monod (Pierre)*, jésuite, confesseur de la régente
Christine, disgracié par elle et détenu au fort de
Miolans par les exigences du cardinal de Richelieu.
— Mort à Miolans, le......

Notes autographes et dissertations sur les règnes
des premiers comtes de Savoie. (Mis Costa.)

34 *bis*. Manuscrit autographe du 4e volume, encore inédit,
des Mémoires historiques sur la royale Maison de
Savoie, par le Mis Henri Costa de Beauregard. —
Vol. in-8°. (Mis Costa.)

Livres rares imprimés en Savoie.

CHAMBÉRY

35. Les exposicions des euuangilles en romant. *En tête
du 2e feuillet* : Incipiunt sermones Mauricii pari-
siensis episcopi... *A la fin* : Imprimées a Chambery,
par Anthoine Neret, l'an de grace [M.cccc.lxxxiiij
(1484), le vi^e iour de iuillet. — Pet. in-fol° goth.

sans chiffres ni récl., mais avec signat. Fig. s. bois.
Rel. en bois du temps.

Livre de toute rareté, et le 1ᵉʳ avec date imprimé à Chambéry. Il est porté sous le nᵒ 55 du catalogue Léber, dont les
livres furent vendus en 1860. (Mᵉ Costa.)

36. GERSON. — *Opus tripartitum.*

Cy finist le liure de maistre Jehan Gerson docteur
en theologie et chanselier de notre dame de Paris
(appellé en latin opus tripartitum) (en francoys ung
livre de troys parties.) C'est assauoir des comman-
dements de notre seigneur, de confession et de la
science de bien morir. Deo gratias. — S. L. n. d.

Chambéry. (Neyret), vers 1483 ; sans chiffres ,
réclames ni signat.; in-4ᵒ goth. de 40 ff. dont le 1ᵉʳ
est blanc, 24 longues lignes à la page entière, mar.
br. fil. tr. d. *(Trautz Bauzonnet.)*

Rare et précieux volume d'une conservation parfaite, qui
n'est cité par aucun bibliographe. C'est probablement le premier volume sorti des presses de Neyret, puisque le Baudoin
de 1484 a un titre et des signatures. C'est la traduction française d'un traité du célèbre théologien, imprimé en latin, à
Cologne, chez Ulric Zell vers 1479, et c'est sur cette traduction
que fut imprimée celle de Lyon, Pierre Maréchal, 1490, que
citent Panzer et Hain. — Acheté à la vente Solar. — Voir la des-
cription sous le nᵒ 219, p. 56, du célèbre catalogue. (Mᵉ Costa.)

37. *Le livre du roy Modus.*

Cy finist ce present l vre intitule le liure de Modus
et de la royne Racio, imprime a Chambery par Anthoine Neyret lan de grace mil quatre cens octante
et six, le xxᵉ jour de octobre.

Vol. in-folᵒ, fig. s. bois, mar. r. dent. à l'intér.
tr. d. *(Trautz Bauzonnet.)*

Très bel exemplaire du 1ᵉʳ livre imprimé sur la chasse. On
sait l'excessive rareté de ce curieux volume, dont le manuscrit
original existe à Turin dans la bibliothèque des archives géné-
rales. (M. Techener.)

38. GRANGIER (J. Lorrain). — Pastorales sur le baptesme de monseigneur Charles Emanuel, prince de Piedmont, par J. Grangier, Lorrain. Auecques un recueil de quelques odes et sonnetz, faictz par le mesme aucteur.

Imprimé à Chamberi, par François Pomar l'ayné 1568.

Vol. petit in-4°, mar. brun dent. tr. d. et fleurons s. les pl. *(Duru.)* — (Mis Costa.)

39. DELEXIUS (Jacobus). — Chorographia insignium locorum : qui maxima ex parte subiiciuntur, tam cis quam ultra montes, potentissimo principi sabaudo, praesertim Camberij, et Montismeliani nonnullarumque exterarum urbium, déq; vetere Sabaudia ejusdem finibus et fertilitate.

Camberij Franciscum Pomarum 1571.

Vol. petit in-4°. Rel. mar. vert janséniste. *(Duru.)* — (Mis Costa.)

40. FAVRE (Ant.) — Les Gordians et Maximins, ou l'ambition, œuvre tragique. Premiers et derniers essays de poésie d'Antoine Faure.

Chambéry, Claude Pomar, 1589.

Un vol. in-4°, mar. noir, tr. d. (aux armes d'Entraigues.)

Bel exemplaire. (M^s Costa.)

41. Les fanfares et courvées abbadesques des Roule-Bontemps de le haute et basse coquaigne et dépendances, par J. P. A.

Chambéry, Pierre Dufour, 1613.

Vol. in-8°, fig. mar. cit. orné de petits fers, dent. tr. d. *(Hardy.)*

Livre singulier et très rare contenant des vers rimés en patois savoyard, et auquel Charles Nodier a consacré un article intéressant dans le curieux catalogue de sa bibliothèque. (Mᵉ Costa.)

42. DEVILLE (Emanuël). — Questions notables sur le sortilége avec deux célèbres arrests du Senat de Savoye. Donnés au public par noble Emanuël Deville, baron d'Aypierre, senateur au même senat et rapporteur du procès.

Chambéry, Riondet, 1697.

Petit in-12 mar. rouge dent. tr. d. janséniste.

Très rare. — La famille de l'auteur en fit rechercher et détruire les exemplaires. (Mᵉ Costa.)

42 *bis*. Relation du pays de Jansénie, traduite en vers françois, par le sieur de Fontaines, gentilhomme provençal.

A Chambéry, chez Pierre Dumarteau, imprimeur ordinaire de Son Altesse Royale, 1681.

Petit in-8°, veau fauv., fil, dent. dos orné tr. d. *(Niédrée.)*

Edition inconnue. (Mᵉ Costa.)

ANNECY

43. PELETIER. — La Savoye de Jaques Peletier du Mans — à tres illustre princesse Marguerite de France duchesse de Sauoye et de Berry — moins et meilleur.

A Anecy, par Jaques Bertrand, 1572.

In-8° de 79 pag., mar. bleu dent. tr. d. *(Duru et Chambolle.)* — (Mⁱˢ Costa.)

44. BUTTET (Marc-Claude). — Le tombeau de tres vertueuse princesse Marguerite de France, duchesse de Savoie et de Berri.

Anneci, Jac. Bertrand, 1575.

In-8° de 8 ff.

In obitum Margaritæ, Francisci magni Gallorum regis filiæ... elegia, auctore Cl. Butteto.

Annecii Allobrogorum, 1575.

In-8° de 3 ff.

M. Brunet, *Man. du libr.*, 1860, cite l'épithalame de Cl. Buttet sur le mariage de Marguerite avec le duc de Savoie, imprimé à Paris en 1559; mais non le tombeau de cette princesse, par le même auteur. (Mᵉ Costa.)

45. La Pyrocarie de la ville d'Anici, en la représentation de la delivrance de la princesse Osavie par le prince Niciphire, à Son Altesse Serenissime.

1631 (à Annecy).

In-8°, rel. mar. r. janséniste. *(Duru.)*

Ce volume contient des strophes manuscrites, dont l'une dédiée à S. François de Sales. (Mᵉ Costa).

46. SALES (Charles-Auguste DE). — Le pourpris historique de la maison de Sales de Thorenc en Genevois, commencé sur un traict oriental de quatre cents pieds.

A Annessy, par Jacques Clerc, 1659.

Vol. grand in-4°, rel. mar. r. tr. d. dent. *(Duru.)*

Magnifique exemplaire. (Mᵉ Costa.)

MOUTIERS — THONON — CLUSES

47. Les ordonnances et statuts faitz aux estas dernierement tenus de par très redoubté monseigneur le duc de Savoye avec les autres princes en la cité de Mostier en Tharenteyse, le xvᵉ jour de septembre mil cccc XXII.

In-4° de 8 f. dont le 8ᵉ blanc. Cuir de Russie, tr. d.

Pièce rare, imprimée sans indication de date. Les armes de Savoie sont sur le titre. (Mᵉ Costa.)

48. PASSIER. — Cartas morales del segnor de Narneza,

traducidas de lengua francesa, en la espagnola por
madama Francisca de Passier.

Impreso en Tonon, por Marcos de la Rua Estam-
pador de la Santa Casa. 1605.

Petit in-4°.

Très rare. (M* d'Oncleu.)

49. Sequitur modus componendi epistolas certa equidem
phalerata amplectens epitheta a magistro Petro
Veillardi positive compilatus : cum questionum pro-
fecto egregiarum additionibus........ Ex Clusensi
nostra in litterali officina tertiis nonis Juliis 1517.

Petit in-8° goth. cart., édit. inconnue. (M¹ˢ Costa.)

50. TABOET (Julian). — La genealogie des princes de
Savoye, faite en prose et vers latins par Julian Taboet, J. C., et depuis traduite en prose et vers hé-
roïques francois, par P. T. A.—A tres illustre Jaques
de Sauoye, duc de Nemours, etc.

A Lyon, chez Nicolas Edoard, 1560.

In-4° de 36 pag. Superbe rel. en mar. rouge,
petits fers, fil. dent. tr. d. — (M¹ˢ Costa.)

51. *Statuta vetera Sabaudie, 1477, 1ʳᵉ édition.* — Decreta
Sabaudie ducalia : tam uetera : que noua : ad iusti-
ciam et rem publicam gubernandam : prope diuina :
suasu atque ope preclari iuris utriusque doctoris
Petri Care : ducalis consiliarii : aduocatique fiscalis :
Taurini impressa per insignem Joannem Fabri lin-
gonensem anno a natali christiano milessimo : qua-
tuor centessimo septuagessimo septimo : quintode-
cimo kalendas decembris.

Petit in-folio. Parch.

Exemplaire complet à toutes marges et d'une bonne conservation de cette 1ʳᵉ édition rare. (Marquis Costa.)

52. CHAMPIER. — Les grans cronicques des gestes et ver-
tueux faictz des tres excellens catholiques illustres
et victorieux ducz et princes des pays de Sauoye et
Piemont, etc., nouuellement imprimees a Paris pour
Jehan de la Garde.

Au recto du dernier feuillet : Cy finissent les cronicques de Sauoye lesquelles ont esté acheuees lan
mil cinq cens et quinze par Simphorien Champier...
et imprimees a Paris lan mil cinq cens et seize le
xxvii° iour de marc pour Jehan de la garde libraire
demeurant audit lieu sus le pont notre dame a len-
seigne sainct Jehan leuangeliste.

Petit in-folio goth. à 2 col. avec fig. en bois. Rel.
mar. rouge, riches compartiments à petits fers.
(*Duru*, 1853.)

Magnifique exemplaire. (M° Costa.)

53. PINGON (Philibert DE). — Inclitorum Saxoniæ Sabau-
diæque principum Arbor gentilitia.

Aug. Taurinorum, apud hæredes Bevilaquæ 1581.
Vol. in-folio. Superbe rel. en maroq. r. à compartiments.

Exemplaire de l'auteur imprimé sur vélin. (M° Costa.)

54. SEYSSEL. — La grant monarchie de France composee
par messire Claude de Seyssel lors evesque de Mar-
seille et a present archevesque de Thurin adressant
au roy trescrestien Francoys premier de ce nom.

Imprimee à Paris pour Regnault Chauldiere, 1519.
In-8° goth. fig. s. b. mar. bl. fil. tr. d. (*Thompson.*)

Bel exemplaire réglé. (M° d'Oncieu.)

55. Bellum Sabaudicum sive narratio vera exactaque, quid
actum gestumque sit eo bello, quod Rex Francorum
et Navarræ, Henricus IV, autumno anni 1600, intulit

Duci Sabaudiæ . . . . . anno a nato Christo Immanuele
nostro MDCII. (Mis d'Oncieu.)

56. BORÉE. — Florus de la maison de Savoye, dans laquelle
on peut voir encore aujourdhuy malgré le nombre
des siecles, les incomparables héros de celle de
Leui.

A Lyon, chez Jacques Ollier 1654.

In-8°. Rel. mar. rouge, dos orné, fil. sur plat,
tr. d. (Duru, 1851.) (Mis Costa.)

57. BUTTET. — Les œuvres poétiques de Marc Claude de
Buttet, sauoisien.

Paris, Marnef, 1588.

Vol. petit in-8°, mar. r., fil., tr. d. (Koehler.)
(Mis Costa.)

58. DE BUTTET. — L'Amalthée de Marc-Claude de Buttet,
gentilhomme savoisien, nouvellement par lui revue,
mise en son ordre, et de la meilleure part augmentée.

A Lyon, par Benoist Rigaud, 1575.

In-8°, mar. bleu, fil., tr. d. (Koehler.) (Mis Costa).

59. DE BUTTET. — Epithalame ou nosses (sic) de très illus-
tre et magnanime prince Emanuel Philibert, duc de
Savoye, et de très vertueuse princesse Marguerite
de France, duchesse de Berry, seur unique du roy.
Par Marc Claude de Buttet, savoisien. — Paris, Rob.
Estienne, 1559.

Ode à la paix, par Marc Claude de Buttet. Paris,
Gabriel Buon, 1559.

2 pièces en 1 vol. in-4°, d. mar. (Bauzonnet.)

Exemplaire non rogné de deux pièces d'une extrême rareté,
surtout dans cet état de conservation. (Mis Costa.)

60. Maistre Pierre Pathelin restitué à son naturel. — Le
grant Blason des fausses amours. — Le Loyer des
folles amours.

Lyon, Arnoullet s. d., in-12 goth., mar. rouge.
(M. Guillermin.)

61. Regula musice plane, venerabilis fratris Bonaventure
de Brixia ordinis minorum.

Impressum Mediolani per Jo. Angelum Schinzen-
-zeler, 1514. In-4° goth., d. rel. (M. Guillermin.)

62. Procopius, de bello Persico. — Rome, 1509. Vol. in-f°.

Exemplaire de Maioli avec sa devise : *Maioli et amicorum.*
(M° Costa.)

63. SLEIDAN (J.). — XXIX Livres d'histoire deduite depuis
le deluge jusques à presant.

Chez Jean Crespin, 1563. Vol. in-folio réglé, anc.
rel. à la Grollier. (M. Guillermin.)

Manuscrits.

64. Pontifical de l'église de Saint-Jean de Maurienne,
caractères tracés au vermillon et à l'encre noire,
lettres miniées et arabesques. — Manuscrit du xiv°
siècle. (Evêché de Maurienne.)

65. Bible manuscrite du xiii° siècle. Initiales et quelques
capitales miniées. Une miniature perpendiculaire
très curieuse se trouve au folio D G. (Son Em. M⁒
le cardinal Billiet.)

66. Cartulaire de la Chartreuse d'Aillon en Bauges, manuscrit du xiv° siècle. (M⁒ Costa.)

67. Cartulaire original de la Chartreuse d'Oujon au pays
de Vaud, détruite en 1536. Ce précieux manuscrit,
sur vélin, appartient à Son Em. le cardinal Billiet.

68. Martyrologe et obituaire des frères Mineurs de Genève,
manuscrit sur vélin, capitales ornées ou teintées.
(Son Em. M⁒ le cardinal Billiet.)

4.

69. Heures manuscrites sur vélin, avec grand nombre de
    miniatures et marges ornées, incomplet du premier
    feuillet, non relié. (Ville de Chambéry.)

70. Livre de prière, avec lettre et capitales miniées et
    initiales dorées, arabesques en marge. Reliure an-
    cienne à fermoirs. Beau manuscrit du xv⁰ siècle.
    (M. Guillermin.)

71. Evangiles et Psaumes, manuscrit français et latin, avec
    miniatures, fleurs et arabesques sur les marges et
    couvert d'une somptueuse reliure à petits fers du
    xvi⁰ siècle. (M. le président Fabre.)

72. Le enseignement de vraye noblesse, manuscrit français
    sur papier, divisé en sept parties ou histoires,
    précédées chacune d'une miniature à toute page,
    avec explication au verso du feuillet qui précède.
    (Mᶦˢ Costa.)

73. Généalogie de la royale maison de France, depuis le
    Roy Hugues Capet jusqu'au Roy Louis XIII, à pré-
    sent heureusement et victorieusement régnant,
    contenant toutes les branches, *armoiries et blasons*
    d'icelles et particulièrement celles de Savoie qui sont
    entrées en la maison de France,... par C. Soyer.
    Dédié à Christine de France, duchesse de Savoye.
    Manuscrit sur vélin, relié en maroquin rouge dent.
    Hauteur, 55 c., largeur, 39. (Mᶦˢ d'Oncieu.)

74. Bréviaire dit d'Amédée VIII, manuscrit magnifique
    qui a fait partie du trésor de la Sainte-Chapelle de
    Chambéry. (Bibliothèque de la ville.)

Tableaux & sculptures.

75. L'Académie Florimontane. (Académie impériale de
    Savoie.)

76. La petite mendiante, par M. Molin, professeur.
77. Prédication de S. Bernard de Menthon dans les Alpes, étude, par le même.
78. Etude pour les portraits d'Ibrahim-Pacha et de ses enfants, par le même.
79. Portrait de M. Bise, ancien bibliothécaire de la ville de Chambéry, par le même.
80. Portrait de Joseph de Maistre, par le même.
81. Portrait de Son Em. le cardinal Billiet, par M. Guille.
82. Atelier de peinture dans le château du Villard, peint, à l'âge de quatorze ans, par le marquis Costa, auteur des *Mémoires historiques sur la Maison royale de Savoie*. (Mis Costa.)
83. Le Soldat blessé, par Stevens. (M. Cuillerie-Dupont.)
84. Le zouave en sentinelle, par Horace Vernet. (Au même.)
85. Fleurs, par M. Rubellin (de Rumilly).
86. Id. id. (id.)
87. Christ en croix, sur fond de velours noir. (M. A. Molin.)
88. Bénitier surmonté de sujets en reliefs d'argent, corail, ivoire et bronze doré, entourés d'un riche encadrement en bois sculpté et doré, XVIIIe siècle. (M^{ise} Costa.)
89. Deux groupes en terre cuite, hallali de cerf et de sanglier. (Mis Albert Costa.)
90. Le baron Athanase de Charette, commandant des zouaves pontificaux, bronze, par le marquis Albert Costa de Beauregard.
91. Le professeur St-Martin, buste, marbre, par M. Jean Vallet.

SALLE J

1. Meuble sculpté à deux corps. (M. Salomon.)
2. Buste de Jean-Jacques Rousseau, en marbre blanc. (M. Mossière.)
3. Buste de Voltaire, en marbre blanc. (M. Mossière.)

———

La Commission du Musée aurait désiré que tous les objets qu'ils renferme fussent inscrits au Catalogue, mais plusieurs d'entre eux n'ont été consignés qu'au moment où l'impression se terminait ; le retard apporté dans les envois explique pourquoi quelques pièces intéressantes sont exposées sans numéros et sans désignation de leurs possesseurs.

www.ingramcontent.com/pod-product-compliance
Lightning Source LLC
Chambersburg PA
CBHW070948280326
41934CB00009B/2035